U0331359

秀出你的工作

SHOW YOUR WORK!

打造个人品牌的10堂创意课

[美] 奥斯丁·克莱恩(Austin Kleon)著　　何十一 译

清华大学出版社

北京

北京市版权局著作权合同登记号　　图字：01-2023-1987

This edition published by arrangement with Workman, an imprint of Workman Publishing Co., Inc., a subsidiary of Hachette Book Group, Inc., New York, New York, USA. All rights reserved.

图书在版编目(CIP)数据

秀出你的工作：打造个人品牌的10堂创意课 / (美) 奥斯丁·克莱恩 (Austin Kleon) 著；何十一译 . —北京：清华大学出版社，2023.6 (2025.5重印)
　ISBN 978-7-302-63436-2

Ⅰ . ①秀… 　Ⅱ . ①奥… ②何… 　Ⅲ . ①网络营销 　Ⅳ . ① F713.365.2

中国国家版本馆 CIP 数据核字 (2023) 第 094940 号

责任编辑：顾　强
装帧设计：方加青
责任校对：王凤芝
责任印制：杨　艳

出版发行：清华大学出版社
　　　　　网　　址：https://www.tup.com.cn，https://www.wqxuetang.com
　　　　　地　　址：北京清华大学学研大厦 A 座　　　邮　编：100084
　　　　　社 总 机：010-83470000　　　　　　　　　邮　购：010-62786544
　　　　　投稿与读者服务：010-62776969，c-service@tup.tsinghua.edu.cn
　　　　　质 量 反 馈：010-62772015，zhiliang@tup.tsinghua.edu.cn
印 装 者：河北鹏润印刷有限公司
经　　销：全国新华书店
开　　本：150mm×150mm　　　　印　张：8　　　字　数：81 千字
版　　次：2023 年 7 月第 1 版　　　印　次：2025 年 5 月第 10 次印刷
定　　价：59.00 元

产品编号：100014-01

写给　梅根

目录

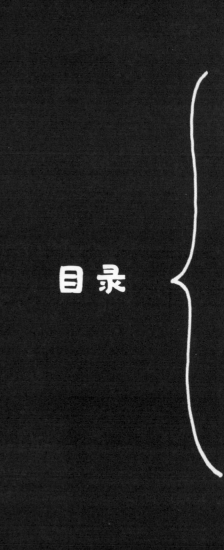

艺术家要解决
的头号难题是
被人看到。
——巴尔扎克

创造力不是天赋，而是一种行为方式。

——约翰·克里斯（英国喜剧大师）

刷新你的行为方式

我发现，当我有机会同读者交流时，读者最喜欢问自我营销方面的问题：怎样才能把我的作品发布出去？怎样才能让别人注意到我？我如何找到自己的受众？你是怎么做到的？

我不愿谈论自我营销这个话题。好莱坞"白头翁"史蒂夫·马丁对这个问题一向采取回避态度，只说："只要做得好，你就不会被埋没。"他的意思是，如果你专注于提升自己，人们自然就会注意到你。你不用去寻找受众，受众自然会找到你。但我觉得，光提升自己是不够的；要想让别人看到你，你得能够被看到。你完全可以一边提升自己的专业技能，一边把你的工作成果亮出来，让大家注意到。

那些我崇拜的、我想要借鉴的人，不论来自何种领域，几乎都把"分享"纳为日常工作。他们从不在酒会上闲聊，他们有的是正事要做。他们一边在实验室、工作室或格子间里埋头苦干，一边定期把工作的一些成果、想法和心得发在网上，绝不敝帚自珍。他们不会浪费时间做无效社交，而是充分利用互联网带来的便利。通过在网上无私分享知识和想法，他们获得了一批受众。当他们需要同行，需要反馈，需要资助时，这些受众就是最好的资源。

我想为初学这种行为方式的人写一个指南，所以就有了这本书。所有讨厌自我营销的人都可以来读读这本书。它提供了自我营销的另一种方式、另一种可能。在这本书里，我会教你如何把工作看作一个持续的过程，如何把这一过程以吸引人的方式分享出去，以及如何应对曝光带来的种种起伏。如果我的前一本书《创意从哪里来》（*Steal Like an Artist*）讲的是如何从他人身上获取灵感，那么这一本书讲的就是如何让自己成为他人灵感的来源。

想象一下，如果你是上班族，你的下一任老板已经看

做成一件事

过程是
漫长且不确定的

你

应该　展示

你的

工作

过你的个人主页，所以不必再去读你的简历；如果你是学生，你的第一份工作机会可能就来自于你放到网上的一个作业项目；如果你丢了工作，却有一票网友了解你的特长，愿意为你牵线搭桥；又或者，你把副业做得风生水起，收获了众多粉丝，于是干脆把副业做成主业。

或者可能没那么复杂，但也足够让人满意：你把大部分时间和精力放在磨炼一项技能、学习一门手艺或经营一桩生意上，也通过自己的这项事业吸引到志同道合的朋友。

要做到这些，你只需要把自己的工作展示出来。

① 你不必是天才

找到你的圈子

把你拥有的分享出去吧，其结果可能远超你的预期。

——亨利·沃兹沃斯·朗费罗（浪漫主义诗人）

关于创意，有很多极具破坏性的说法，其中最危险的就是所谓的"孤独天才"：一个天赋异禀的人，不知从哪里蹦了出来，前不见古人，后面也没有来者，仿佛灵感直接来自上帝或者缪斯。灵感的到来，就像一道闪电，脑袋突然开窍。于是他余生都倾注于此，把灵感打磨成一件完美的作品，然后公之于世，举世瞩目。如果你认同这种说法，等于承认创意是反社会的，只有少数伟人才能拥有，还都是些已经作古的名字——莫扎特、爱因斯坦、毕加索……其他人呢，只能毕恭毕敬地站在一旁，瞻仰他们的成就。

　　我们不妨换一种方式来看待创意。音乐家布赖恩·伊诺提出过一个概念，叫"创意圈子"。在这种模式下，伟大的想法往往是一群人共同孕育出来的，其中有艺术家，有艺术馆负责人，还有思想家、理论家和时尚达人——他们共同形成了一个"才华生态圈"。仔细回溯历史，你会发现，我们以为的那些孤独天才，其实都处在"一个互相支持、互相借鉴的圈子"里。"创意圈子"的提法，并不是要否定哪些伟人的成绩，而是要让大家意识到，好的作

品不是凭空产生的，创意在很多情况下是合作的产物，是在交流碰撞间产生的。

我喜欢"创意圈子"这个提法，它让我们这些不是天才的普通人也可以沾沾创意的光。对一个创意圈子来说，你光聪明能干还不够，你还得能为圈子做贡献——比如分享有趣的观点、提供合适的人脉、开启有价值的话题，等等。如果我们忘掉关于天才的那些神话，转而专注于培养或加入一个创意圈子，那么我们对自己、对世界的预期都会有所转变。我们不会再问他人能为我们做什么，而是去问我们能为他人做什么。

在我们生活的这个时代，要想加入天才圈子，比以前容易得多。互联网打破了地理界线，成为不同天才圈子的聚集地。博客、社交媒体、邮件群组、讨论区、论坛——名目虽不同，本质都是人们聚集、探讨的平台。这里没有门卫，也不设门槛。你不必有钱或有名，也不需要漂亮的简历或名校的头衔。在网上，不论是搞艺术的还是办展览的，不论是大师还是学徒、科班还是业余，都可以有所贡献。

永远当个新手

人人都是初学者。人生太短，不够我们成为其他。

——查理·卓别林

我们都不愿被当作初学者，可如今，恰恰是初学者能够达到专业选手达不到的高度。初学者意味着有兴趣，因为有爱（在法语中，初学者 amateur 一词就有爱好者的意思），所以不计名利，不在意结果。又因为是初学，所以不端架子，不害怕嘲讽，愿意尝试，愿意分享。初学者敢于冒险，敢于试验，不怕心血来潮。有时，正因为做法不专业，反而能有新的发现。"初学者的心充满各种可能性，老手的心却没有多少可能性。"日本禅师铃木俊隆如是说道。

　　既然是初学，就不怕犯错，也不怕出丑。纯粹出于热爱，因不在乎他人的目光，不担心被当作傻子。"创意再蠢，也是创意，"美国作家克莱·舍基在《认知盈余》中写道，"在创意工作的光谱上，'中'固然不如'优'，可也不妨碍它在这个光谱上。有了'中'，就可以慢慢向'优'进步。真正的区别在于做还是不做。"初学者明白，贡献一点东西，总比什么也不做强。

　　初学者也许缺乏专业训练，但他们是终身学习者。通过分享学习过程，其他人也能从中获得经验。小说家大卫·福斯特·华莱士说，好的非虚构作品让人得以一窥"聪明的普通人如何观察和思考我们在日常生活中没有机会去关注的一些事情"。初学者也是一样：他们都是普通人，只因为有一个爱好，便花大量时间去追求，并让世界听到自己的声音。

初学者能教给我们的，可能比专家更多。"两个小学生，顶一个大校长。"英国作家 C. S. 刘易斯写道，"学生比校长管用，因为学生原本懂得就少，我们遇到的问题他也是刚刚遇到。而专家呢，那些问题年代久远，他可能早就忘记了。"看到初学者充满激情，我们也会受到感染。新秩序乐团主唱巴尼·萨默说："性手枪（Sex Pistols）乐队的表演简直震撼，看得我也想上台跟他们一起震撼。"热爱是会传染的。

世界日新月异，我们谁又能称得上是专家呢？即便是专业人士，要想有所发展，也得保持一颗初学者的心，为热爱不计回报，拥抱未知和变化。有人问电台司令乐队

的主唱汤姆·约克，在他眼中最伟大的力量是什么。他回答："是我一颗虚空的心。"一旦他感觉最近写的歌落入俗套，他就会像偶像汤姆·威兹那样，学习一种新的乐器，尝试用它来写歌。这是初学者的另一优势——他们不挑工具，只要能把心中所想传达给世界。约翰·列侬说过："我可是艺术家。哪怕给我把大号，我也能给你整出活来。"

踏上分享之路最好的方式就是找到你想学的东西，把决心公之于众。找一个创意圈子，看看大家在分享什么，关注他们没能分享的内容，想办法填补一些空白，即便一开始填得很烂也没关系。这个阶段不要去想能不能靠这个赚钱或者做成一番事业，也不要想非做成个专家或教授。真诚地捧出你那颗初学者的热爱之心，分享你的所爱，和你有同样热爱的人会找到你的。

你不发声，怎么知道自己的声音

找到自己的声音，然后站在屋顶大声喊，直到有人找到你。

——丹·哈蒙（编剧）

人们常说要找到属于自己的声音。我年轻时一直不明白是什么意思。我一度很担心自己的声音是否独特。现在我明白，要找到自己的声音，最好的方法就是多去发声。属于你的声音是深深烙在你体内的。多谈谈那些你热爱的事物，你就会慢慢找到自己的声音。

已故影评人罗杰·埃伯特在对抗癌症的过程中，动了好几场大手术，丧失了说话的能力。生理上，他永久失去了自己的声音。他可是大半辈子都在电视上高谈阔论的，如今却一句话也说不出来。为了和亲友交流，他只能在纸上写字或在电脑上敲字，再由电脑转化成别扭的语音。

于是他从日常交流中抽离出来，把大部分时间放在更新推特、脸书上，还在个人网站上发表博文。他更新频率惊人，想到什么就写什么，一写就洋洋洒洒上千字。他写他在伊利诺伊州厄巴纳的童年时光、他与知名影星的对谈、他对迟早要到来的死亡的思考……每一条动态下，还有几百条留言等着他回复。网络成了他与世界沟通的主要方式。他写道："在网上，我得以表达自己真正的声音。"

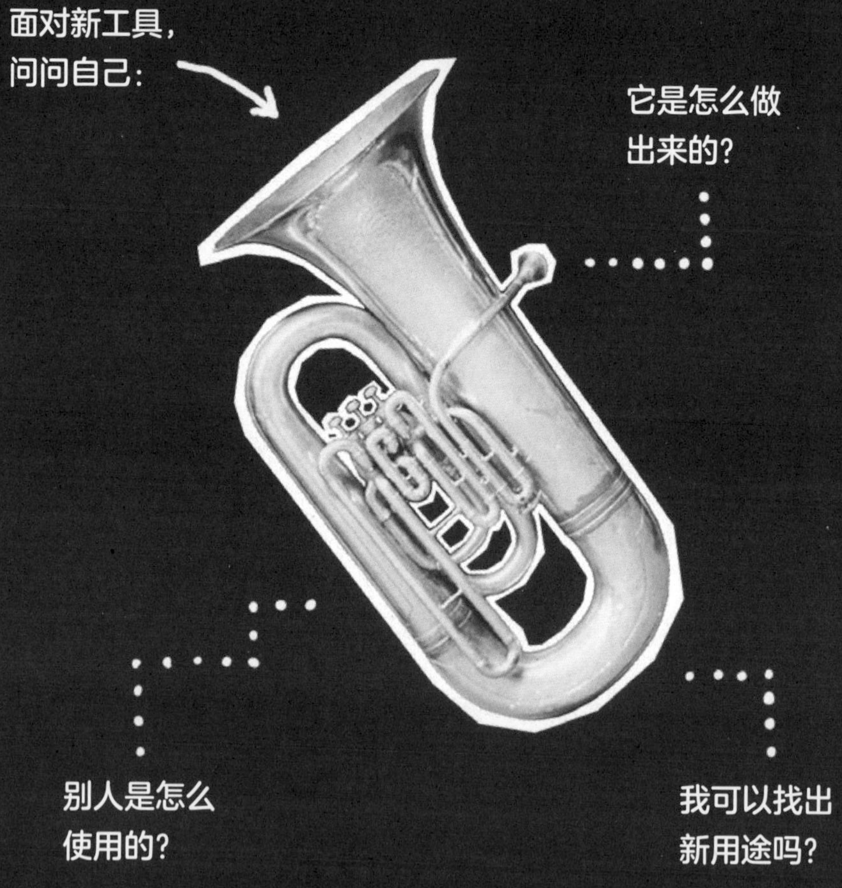
面对新工具，
问问自己：
它是怎么做
出来的？
别人是怎么
使用的？
我可以找出
新用途吗？

罗杰·埃伯特知道自己命不久矣，所以想在有限的时间内分享尽可能多的东西。"埃伯特的写作有种事关生死之感，因为的的确确事关生死。"影评人简妮特·玛斯琳这样写道。埃伯特在网上创作，因为他别无选择。只有这样，他才能被听到；只有被听到，他才真正存在于这个世界。

我这么说或许极端，但在当今世界，你的作品如果不上网，就等于不存在。人人都有发声的机会，但很多人把这机会荒废了。如果你想让他人知道你的所做和所爱，你就得分享。

去读讣告

我人生中做出的很多重要抉择，都是基于我将不久于人世这个前提，这是我做决定时的重要工具。在死亡面前，其他所有的一切——他人的期待、自身的骄傲、对失败的恐惧——都变得不值一提。正因为你将不久于人世，你才可以不被失去的恐慌所束缚。因为你本就是赤裸的。

——史蒂夫·乔布斯

如果上面讲的那些你觉得难以做到，请想一想，有一天你会死掉。这是人生最基本的事实，大多数人却常常忽略。人必有一死，只有谨记这一点，才能更好地观照生活。

经历过濒死状态后改变人生轨迹的故事，大家都听过不少。美国导演乔治·卢卡斯少年时险些丧命于车祸。捡回一条命后他想，"每多活一天便是恩赐。"他投身电影行业，导演了《星球大战》这样的大片。烈焰红唇乐队的主唱韦恩·科伊恩16岁在餐厅打工时，被劫匪拿枪抵住脑袋。他说："我当时觉得自己要死了。这个念头一冒出来……就彻底改变了我……我想，我不能坐以待毙，我要主动出击，就算别人觉得我傻，我也不在乎。"

《我们一无所知》（*We Learn Nothing*）的作者蒂姆·克雷德在书中写道，他经历过最好的事就是脖子上挨了一刀。整整一年他都感觉心情愉悦、生命可贵。"你可能以为差点死掉会彻底改变你的人生，但这种触动不会一直持续下去。"到头来，他又回到了"繁忙的生计"中。美国小说家乔治·桑德斯谈到自己的濒死体验时说："在

那之后的三四天里，全世界都美好得不行。失而复得，你懂吗？我想，如果可以保持那种感觉，时刻谨记人生会有尽头，对人生会很有帮助。"

不过，我胆子小，尽管我也想经历那种劫后重生的欢欣，可我并不想真的去体验濒死的感觉。我只想平平安安，离死神越远越好。我可不想没事去招惹他。可是呢，我又确实需要谨记死神在一天天临近。

因此，我每天早上都会读读讣告。讣告是提供给胆小者的濒死体验。通过读讣告，我们可以在安全距离之外感受死亡。

与其说讣告讲的是死亡，不如说是人生。"一篇篇讣告加在一起，诉说的是人的英勇与高贵。"美国插画家麦拉·考曼写道。阅读逝者用生命书写的事迹让我感动奋发，激励我也做出一番事业来。每天早晨思考死亡让我珍惜生命。

你也试试每天早晨读读讣告吧。从那些先于你走完人生的人身上汲取灵感——他们也曾是初学者，凭一己之力有了后来的成就，最后将自己的生平袒露在众人面前。你也可以追随他们的脚步。

② 过程比结果更重要

很多人都有只看结果的思维定式。他
们看不到你为实现那个结果而经历的
过程。

——迈克尔·杰克逊

带大家去幕后一游

当画家提起自己的作品，可能包含两重含义：一个是已经完成、裱好了挂在画廊里的画作；另一个是他日复一日在工作室里经历的那个过程——寻找灵感、初步构思、铺上油彩，等等。"画"是名词，更是动词。和其他工作一样，画家的工作也包含了过程和结果两部分。

过去，艺术家往往对自己的创作过程讳莫如深。美国摄影师大卫·贝尔斯和特德·奥兰德在合著的《艺术与恐惧》一书中说："对除你以外的所有观者来说，最重要的是那个已经完成的艺术品。而对你来说，也仅仅是对你来说，真正重要的是打造成品的那个过程。"艺术家都是默默努力的，轻易不肯为外人道，直到有一天他的作品横空出世，他才自此和观者取得了联系。书中还写道："观众对艺术创作的细节是不感兴趣的，因为看不到，甚至压根不知道这些东西的存在，他们只能看到结果。"

工作

一天天

做

重在　　　　过程

不在　　结果

在数字时代以前，情况确实是这样。艺术家想要与观众取得联系，就得靠展览，或者在艺术类杂志发表文章。如今因为有了互联网和社交媒体，艺术家想分享什么就分享什么，想何时分享就何时分享，成本几乎为零。分享的多少也全由艺术家自己决定。他可以选取创作过程进行分享——分享他的草稿和进展，发布工作室的照片，还可以讲述他灵感的来源和采用的工具。通过把他真正关心的、每天发生的事分享出去，他会和观众建立独特的连接。

对很多艺术家，尤其是数字时代前成长起来的艺术家来说，这种毫无保留的分享是难以想象的，甚至还有潜在的风险。爱伦·坡在 1846 年写道："大多数作者，尤其是诗人，希望别人认为他的创作是一时痴狂的产物，是灵感的突然来袭，他们不愿让公众窥见创作背后的场景。"

可人总是好奇的。"大家其实很想看香肠是怎么做出来的，"设计师丹·普罗夫斯特和汤姆·格哈特在经管图书《让人眼前一亮》（*It Will Be Exhilarating*）中写道，"通过不断地把过程分享出来，你会和顾客建立联系。顾

过程

杂乱无章

客也能看到产品背后的人。"对公众来说，他们不仅希望能遇见好作品，更希望自己也拥有创意、成为创作过程的一部分。让我们放下自矜，分享创作过程吧，这样，观者将会与我们以及我们的作品建立持续的联系，帮助我们将作品打磨得更好。

要想产生联系，先得让自己真正被看见。

——布芮尼·布朗（TED 演讲者）

记录你的过程

2013 年，全网都在热捧加拿大首位宇航员、国际空间站指挥官克里斯·哈德菲尔德。在此 3 年前，哈德菲尔德和家人一边吃着晚餐，一边琢磨怎么为加拿大太空局筹款。当时太空局和许多航空航天项目一样，面临经费缩减的问题，亟须公众支持。"爸爸想让公众了解真实的宇航员生活，没有那么多光环和高深的学问，就是普通的日常生活。"哈德菲尔德的儿子埃文说。

指挥官哈德菲尔德希望秀出他的工作。

于是，儿子教他使用社交媒体，并帮他注册了推特等平台的账号。在接下来的 5 个月内，哈德菲尔德除了完成日常工作，还会发推特、回答网友提问、分享他在太空拍摄的地球照片、录制现场音频，还有自己剪指甲、刷牙、睡觉以及维护空间站的视频。上百万人对这些内容照单全收，其中包括我的经纪人特德，他发推特说："平常谁看修水管的视频呀，但这可是在太空！"

我们大多数人既不是艺术家，也不是宇航员，于是大家想来想去，觉得自己的日常工作好像没什么可分享的。但其实，三百六十行，各有各的特点。只要你愿意分享，总会有人对你的工作感兴趣。尤其当你还在学徒期，或者工作战线拉得比较长，又或者做的不是能直接产出结果的工作；当工作成果不好分享的时候，分享过程可能更有意义。

没有成果的时候，该怎么展示工作呢？首先，拾取工作过程中零碎的片段，把它们变成文字、图片或者声音、影像。这一步的关键在于把不可见变得可见。记者大卫·卡尔对学生的建议是："你得做出点东西来。没人会真把你的简历当回事，他们想看的是你亲手创造出来的东西。"

所以，记录你的工作吧。做工作日志，可以写在本子上，也可以用语音备忘录。还要有一个便笺本。工作各个

研究项目	日记
参考资料	草稿
示意图	雏形
计划	样品
草图	图表
采访	笔记
音频	灵感
照片	涂鸦本
视频	故事
备忘板	收藏

阶段都多拍点照片，也可以录些工作过程的视频。不是为了做个了不得的东西出来，而是为了记录日常。手边所有简单方便的工具都可以利用起来——每个人的手机不就是一个全方位的多媒体工作坊吗？

不管你最终打不打算分享，记录工作过程都是很有必要的。你的工作思路会变得清晰，你也能看到自己每天的进步。而当你准备分享的时候，也有充足的素材去选取和利用。

③每天分享一点点

每天晒一晒你和你的工作，慢慢你就会遇见优秀的人。

——鲍比·所罗门（平面设计师、创意总监）

建立日更制度

哪有什么一夜成名。每个一夜成名的故事背后，都有年复一年的坚持和努力。真正做成事是要花很长时间的，甚至可能是一辈子。好在我们可以把时间切成小段，不必想那么长远，扎实做好每一天即可。

我们真正能抓住的时间单位就是"天"。四季轮换，星期又太过人为，只有"天"有固定的节律。日出、日落，亘古不变。

你可以在每天完成工作后，翻阅工作日志，找出一小块可以分享的内容。工作进度不同，分享的内容也会有差异。刚开始的阶段，可以分享灵感的来源。执行过程中，可以展示你的工作方法或者阶段性成果。如果是刚完成一个项目，可以把最终的成果亮出来，或者分享没能用到的素材，也可以总结你在这个过程中获得的经验教训。如果

一个月

一天

一年

↓

× × × × ×
× × × × × × × × × × × × × × × × × ×
× × × × × × × × × × × × × × × × × ×
× × × × × × × × × × × × × × × × × ×
× × × × × × × × × × × × × × × × × ×
× × × × × × × × × × × × × × × × × ×
× × × × × × × × × × × × × × × × × ×
× × × × × × × × × × × × × × × × × ×
× × × × × × × × × × × × × × × × × ×
× × × × × × × × × × × × × × × × × ×
× × × × × × × × × × × × × × × × × ×
× × × × × × × × × × × × × × × × × ×
× × × × × × × × × × × × × × × × × ×
× × × × × × × × × × × × × × × × × ×
× × × × × × × × × × × × × × × × × ×
× × × × × × × × × × × × × × × × × ×
× × × × × × × × × × × × × × × × × ×
× × × × × × × × × × × × × × × × × ×

你已经分享过不少项目，那就跟进这些项目的进展，讲一讲它们是如何影响大家的。

这种日更的形式远好于简历或作品集，因为它展示的是你当下正在进行的工作。表演艺术家泽·弗兰克在面试候选人时，面临这么一个问题："我让他们拿作品来看，他们给的都是学校里做的或者上一份工作中做的。其实我感兴趣的是他们上个周末做了什么。"

好的日更就像是电影上映之前的预告片，能让观众提前看到电影里的部分场景和主创人员在电影制作过程中发表的评论。

日更的具体形式因人而异，可以是博文、邮件，也可以是微博、视频。不必追求适合所有人的方案。

在社交平台进行日更再合适不过。没必要全平台覆盖，要根据你的工作内容和希望触达的受众来选择合适的平台。电影从业人员在 YouTube 上比较多，商务人士偏爱领英（LinkedIn），作家爱发微博，搞视觉艺术的用汤博乐（Tumblr）、照片墙（Instagram）或脸书（Facebook）。平台版图不断变化，随时会有新的平台冒出来，还有一些逐渐衰败。

不要害怕陌生平台，大胆尝试，寻找有趣的玩法。如果怎么用都不顺手，大可以无情抛弃。尽情释放你的创意吧。影评人汤米·爱迪生一出生就是盲人，可他依然坚持用照片拍下自己的每日生活，发布在照片墙上（@blindfilmcritic），拥有数万名关注者。

很多社交媒体的操作非常简单，只需要输入文字就够了。输入的内容与平台的引导有关。脸书鼓励用户沉浸，所以会问"你感觉如何？"或"心情怎么样？"之类的问题。推特也差不多，它的引导词是"有什么新鲜事？"我喜欢创意类网站 dribbble.com 的标语——"最近在忙什么？"经常问自己这个问题，你会越来越优秀。别老发美食和咖啡了，分享你的工作吧。

发布日更的时候，不必追求完美。科幻作家西奥

斯特金定律

垃圾　　　精彩

多·斯特金说过，任何事物都包含 90% 的垃圾。我们的工作也是如此。可惜我们常常无法分辨何为有用、何为无用。正因为如此，我们才需要把工作内容分享出去，看看大家的反应。艺术家威恩·怀特说："有时候你真看不出来自己搞了个啥，需要广大群众来帮你催化。"

别说你没时间。现在谁不忙呢？可一天总有 24 小时。人们常常问我："你哪来的时间做这些？"我的回答是："时间是挤出来的。"找时间就跟找硬币一样，犄角旮旯都不能放过。大任务中间总有小缝隙：通勤路上、午休时间、哄睡孩子以后……你可能会错过一集正在追的剧，可能得少睡一小时的觉，但只要你挤，时间总会有的。我喜欢等世界睡了再工作，在大家工作时分享。

当然，不要太过在意分享，以至于侵占工作的时间。如果很难平衡这两者，干脆给自己设个半小时的闹铃，时间一到，就关掉网络，回到工作中来。

一天做一点，听起来很简单，做到却很难。这需要多方面的支持和毫不松懈地执行。

——拉塞尔·布兰德（喜剧演员）

分享要有意义

搞清楚，网络不是你的日记本，你不能什么都往上放，要有所取舍，字斟句酌。

——丹尼·夏皮罗（作家）

谨记，任何东西一旦发到网上，就进入了公共领域。《连线》杂志第一任主编凯文·凯利说："互联网就是个抄袭机器，什么东西只要上了网，能抄的都会被抄，根本消灭不掉。"所以，你最好接受这个现实，打心眼里愿意你的作品被抄来抄去，从而传播到互联网的每一个角落。如果你还没有做好让所有人看见的心理准备，那就先不要发。公关人员劳伦·塞兰德说："发布之前你要假设，所有读到的人都可以炒你'鱿鱼'。"

　　心态开放一点，即使你的作品不够成熟、不够完美，只要你需要期待大家的反馈，就可以发布出来。不过，不要事无巨细什么都分享，因为过犹不及。

　　分享是慷慨之举。你之所以分享，是因为你觉得会有人感兴趣或者能从中得到帮助。

　　我读书时有一位老师，她把我们交的作文发下来，在黑板上写下大大的 4 个字："意义何在？"然后扔下粉笔，对我们说："每次交作文之前，先问问自己这 4 个字。"那堂课我至今难忘。

分享什么：

宠物   落日

穿搭   美食

孩子   咖啡

自拍   工作

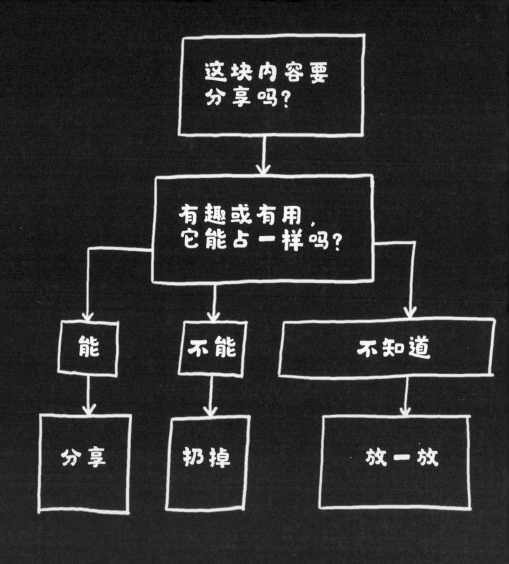

你分享的时候也要把"意义何在"这个问题记在心里。同时也不要太过拘谨，大胆一点。如果无法确定一件事该不该分享，那就先静置 24 小时。把它放在抽屉里，出门散散心。第二天，带着全新的目光重新审视一遍。问问自己："这东西有用吗？有趣吗？如果发出来被父母或老板看到，我能接受吗？"把东西放一放再发布是很好的习惯。善用"保存草稿"选项，当时不发可能会让你心痒，但没准第二天你就会庆幸自己没有冲动。

把流量做成存量

一天做一点，积攒下来就能汇成江海。

——肯尼思·戈德史密斯（诗人）

存量与流量是经济学中的一对概念，被作家罗宾·斯隆用来比喻媒体："流量是你每天发布的生活片段，为了告诉大家你还活着。存量是你一直在做的事，是你在创造的内容，你会几个月甚至几年如一日地沉醉其中。人们会通过检索找到你，传播虽然慢一些，但一点一点总会积累起粉丝。"斯隆说最好的方法是维持流量的同时，默默在存量上努力。

据我的经验，存量其实是建立在流量基础上的，是对每日发布的内容进行整理、归类、扩充。社交媒体很多情况下就像一个公共笔记本，我们表达自己的想法，听取别人的反馈，然后在此基础上进行反思。既然是笔记本，那么关键就在于你要不时去回溯，看看怎样才能最大化利用。你要翻一翻自己过去发布的内容，看看曾经的自己在想什么。当你养成日常分享的习惯时，你会逐渐发现自己关注的主题和分享的趋势。于是流量就有了定式。

流量

↓

存量

找到定式以后，就可以把每日发布的内容收集起来，组合成更大更全的项目。于是流量就变成了存量。举个例子，我在这本书里提到的很多观点，一开始都只是推特上的几句话，后来发展成博文，现在又成了书里的章节。积少成多，就是这个道理。

取个好名字

在网上给自己找个"自留地"吧，一个可以表达自我、分享工作的地方，这是投资时间的绝佳途径。

——安迪·白欧（技术专家、创业者）

社交平台好归好，但是不长久。（谁还记得人人网？天涯如今也已沉寂）如果你有明确的分享工作、表达自我的需求，最好是在网上建一个自己的域名，它就是你的网络根据地，大家总能在那里找到你。

十多年前，我给自己投资了一块网络自留地，买下了域名 austinkleon.com。刚开始建网站的时候，我什么都不懂，网站做得粗糙又简陋。后来，我学会了在上面搭载博客，网站的面貌焕然一新。博客是把流量转化为存量的理想工具。一篇博文成不了气候，可是花上十年，发一千篇博客，这就成了你的事业。我的博客既是草稿本，又是工作室，还是展厅、储藏间和会客室。我事业中的许多进步都是博客带来的。我能出书、演讲、办展，也是因为我在互联网上有自己的地盘。这块地盘也让我收获了一些友谊和人脉。

去申请一个域名吧，这是我最想传递给你的经验。买下"www. 你的名字 .com"。如果你不喜欢自己的名字，嫌自己的名字太普通，可以取一个笔名，用笔名注册。然后购买网站代管服务，把网站建起来。（听起来很专业，其实不难，自己查一查，看几本书，就能学会）如果你没时间或者不想自己设计网页，可以找专业的网页设计师帮忙。关键不是建得多好看，关键是得有一个网站。

不要认为你的个人网站是用来推销自己的，它是用来挖掘你的潜力的。在网上，你可以成为你真正想成为的人。在网站上填满你的工作、你的想法和你在意的事情吧。

也许再过几年，你会遇到更新、更有趣的社交平台。这个时候，也不要放弃你的网站，不要让它荒废。把目光放长远一点，坚持运营，会有质变的。

帕蒂·史密斯刚出道的时候，威廉·巴勒斯对年纪轻轻的她说："要爱惜名声，不要染上污点，不要轻易妥协，不要一心想着名利。要一心一意好好做事，总有一天，你的名字就会成为你的财富。"

去

搜搜

我的

名字

拥有一块自己的地盘，好处在于你想怎么折腾就怎么折腾。你的网页你说了算，谁都拿你没招。好好打造这个网页，不要染上污点，慢慢它就会成为你的财富。不管有没有受众，你都在那里，做着自己的事情，随时都能向世人展示。

④打开你的百宝箱

把自己的知识藏着掖着，只会坐吃山空，脱离时代。不如分享出去，让自己变得一无所有，逼迫自己去寻找，去学习，去补充知识。从这个意义上说，你分享的越多，真正得到的也越多。

——保罗·亚顿（广告业巨擘）

好东西要分享

如果你生在 16、17 世纪的欧洲，家境优渥，又受过良好的教育，那么你家里很可能有一个专门存放奇珍异宝的房间。这里有书、骷髅、珠宝、贝壳、植物、矿物、动物标本，不一而足，向来访的人展示着你对知识的渴求。这些收藏品里，有自然界的奇珍，也有人造的异宝，有上帝的恩赐，也有能工巧匠的心血。如今我们在博物馆里研究历史、地理和艺术，而这样的房间则是现代博物馆的前身。

每个人都有自己的宝贝。有的人会摆出来，比如在客厅做一排书架，放上自己喜欢的书、唱片和录影带。有的人则会放在心里，默默怀念那些去过的地方、认识的人、经历过的事。正是工作和生活中出现的这些独特而美好的事物，塑造了我们的品位，而我们的品位又影响着我们的作品。

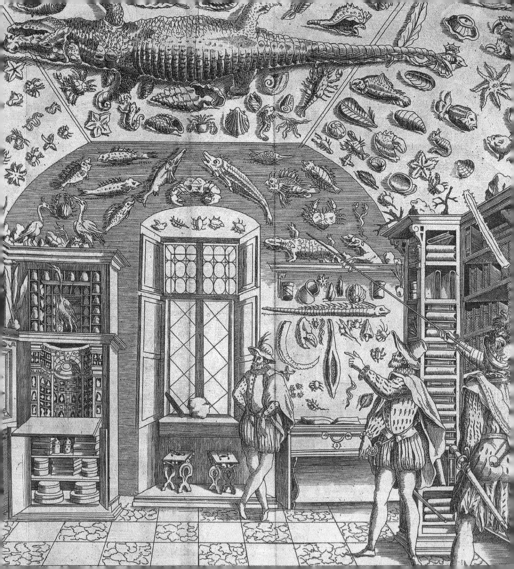

收集和创造之间的差异可能并没有你想象的那么大。我认识的不少作家把阅读和写作看成同一道光谱的两端：阅读增进写作，写作同时也能促进阅读。作家乔纳森·勒瑟姆曾做过书商，他说："我的身份类似于博物馆馆长。写书与卖书是相互关联的，其目的都是想要为喜欢的东西赋予新的形式，希望它们得到大家关注。"

品位塑造了我们，但也会限制我们的作品。节目主持人艾拉·格拉斯说："能进入创意工作领域，就说明我们品位不俗。但水平是需要培养的。头几年你做的东西可能是欠佳的。你努力了，也有潜力，但效果可能不如人意。但别忘了，你的品位，也就是当初让你投身这个领域的东西，依然是你的撒手锏。"在我们决定向世界分享我们的作品之前，我们可以先通过分享他人的作品来展现我们的品位。

你的灵感从哪儿来？什么会让你念念不忘？你爱读什么书？订阅了哪些账号？你常登录哪些网站？爱听什么音乐？你看了什么电影？你关注艺术吗？你爱收藏吗？你会

保留哪些东西？你办公桌上摆了什么？冰箱上贴了什么？谁的作品让你叫好？谁的言论让你思考？你有没有崇拜的人？你在网上关注了哪些人？在你的专业领域，谁是你奋斗的目标？

这些东西都值得分享，它们揭示了你是谁、你在做什么——有时候甚至比你的工作本身更能体现你自己。

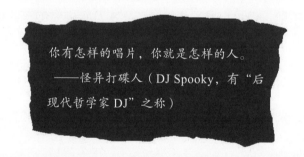

你有怎样的唱片，你就是怎样的人。
——怪异打碟人（DJ Spooky，有"后现代哲学家 DJ"之称）

偷偷喜欢算什么

我管它上不上得了台面。我要是喜欢，就大大方方地喜欢。

——大卫·格鲁（摇滚音乐家）

纽约有一位清洁工叫纳尔逊·莫利纳。差不多二十年前，他开始收集路上捡到的各种宝贝。他把收集来的东西放在东 99 街清洁部车库二楼，这里是他的废品博物馆。现在，这里已经有千余项藏品，包括绘画、海报、相片、乐器、玩具等各种藏品。莫利纳的收藏没有什么特别的原则，自己喜欢就好。也有清洁工把自己捡到的好东西给他，不过能不能留下来还得他说了算。"我跟他们说，尽管拿来，上不上墙我定。"莫利纳还为他的博物馆专门做了块牌子，上面写着"纳尔逊·莫利纳的废品博物馆"。

　　"垃圾寻宝"是艺术家的工作之一，他们把目光投向无人注意的废墟，在垃圾堆里翻捡宝贝，从大众遗弃的物品中寻找灵感。400 多年前，蒙田在随笔《论经验》中说："依我之见，我们如善于从最寻常、最普遍、最熟悉的事物中得到启示，最伟大的自然奇迹、最出色的范例便可形成。"你只需要带着明亮的双眼、开放的心态，愿意去别人不能去或不愿去的地方，就能发现宝藏。

　　谁还没点在旁人眼里不值一提的爱好呢！你得有勇气

注 意！

禁止在此处倒垃圾

要想

卓尔不群

首先得

停止附和

坚持自己的喜欢。正是因为我们有不同的爱好，影响到不同的人，我们才如此独特。我们的存在，让"高雅"与"低俗"之间的界限不再分明。

当你找到真正热爱的事物，不要被他人的判断所左右。你自己开心就好，完全不用不好意思。勇敢去爱吧。

你既然要分享你的品位，就得有勇气去承认。不要自我阉割。不要像影碟店里的混混一样，为哪个乐队才是真摇滚争来争去。不要扮酷赶时髦。大方、诚恳地表达你的品位，志同道合的人会聚集在你周围。

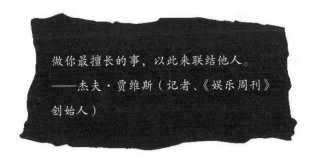

做你最擅长的事，以此来联结他人。
——杰夫·贾维斯（记者、《娱乐周刊》创始人）

借鉴要留名

分享他人的作品时，你有义务向大家告知原创作者的姓名。在当今这个复制粘贴如此简单、随手就能转发的年代，指明原创作者似乎有些徒劳，但仍当如此，因为这是基本的道德。在分享他人作品的时候，要像对待自己的成果一样，给予足够的耐心和尊敬。

一般人在解释为什么要标注出原作者时，总是强调原作者的权益。实际上，如果你在引用时未能标出原作者，不仅是抢夺了原作者的功劳，对其他读者也是不负责任的，因为他们失掉了深挖这个作品的线索。

那么，怎样标注才是合适的呢？标明背景信息能为你发布的东西提供一整套语境：这个作品是什么、谁做的、何时何地因何原因做的、你为什么会分享、大家又为什么需要关心，以及去哪里可以找到更多类似的作品。把

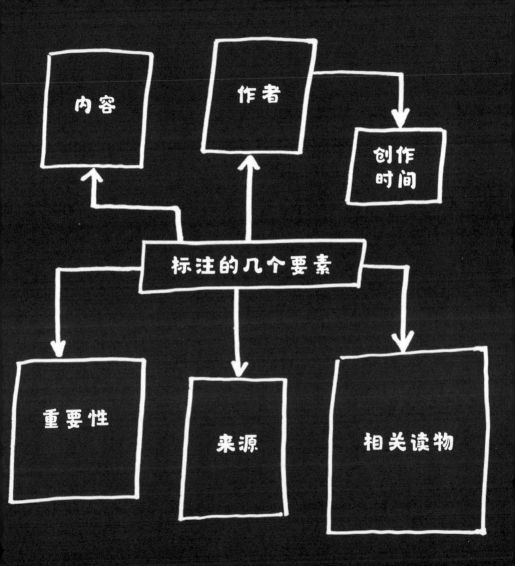

分享的内容进行清晰标注以后，你也可以建立一座小博物馆了。

标注中通常漏掉的一块是告诉大家你是通过什么渠道看到的这个东西。这样做的好处：一来可以对帮助我们遇到好作品的人隔空喊话，表达敬意；二来也可以让感兴趣的人按图索骥，找到原始资源。我在网上见到很多人发布的时候会圈出原作者或给出原链接，要不是他们的无私分享，我根本找不到这么多资源，建立这么多联系。

圈出原作者的方式有很多，最好是附一个能跳转到原作者个人网站的链接。这样无论网友是在哪里看到的，都能找到原作者的大本营。互联网第一条原则：大家都很懒。如果你不放链接，就没法直接跳转。没有链接，光有名字是远远不够的。99.9% 的人懒得去专门搜作者名字。

这样就又产生了另一个问题：如果我们要分享的东西，我们也不记得原作者是谁了怎么办？我的答案是：绝不分享作者不明的内容。要么找出原作者，要么不分享。

⑤ 讲个好故事

你得为作品代言

闭上眼睛，想象你是一位富可敌国的收藏家，现在正在一家美术馆里。你面前的墙上挂了两幅巨大的油画，每幅都高达 10 英尺，描绘的都是港口日落时的景象。远看似乎没什么区别：河里有船，水面有倒影，就连落日都刚好在同一高度。于是你凑近瞧。画旁也没找到美术馆贴的标签。你看上瘾了，给这两幅画起名为画甲和画乙。你花了一个小时来来回回地看，每一个笔触都不放过，却始终找不到一点区别。

正当你准备找讲解员问个清楚时，馆长走了过来。你赶紧询问这两幅画作的出处。馆长说，画甲是 17 世纪一位荷兰画家画的。"那画乙呢？""画乙呀，仿制的，是艺术学院一位研究生上星期刚画的。"

现在再看这两幅画。哪一幅更入你的眼？你更想把哪一幅带回家？

艺术品的仿制是个不好解释的现象。"你可能会觉得一幅画作给你带来的愉悦取决于它的色彩、形状和布局,"心理学教授保罗·布卢姆说,"如果真是这样,按理说你不该在乎它是原作还是仿品。"可我们的大脑不是这样工作的。"人在面对一件物品、一道菜或一个表情的时候,很容易根据他所获得的信息来形成判断——判断这个东西价值高低,判断自己喜欢与否。"

约叔亚·格林和罗布·沃克在《重要之物》(*Significant Objects*)一书中提出了一个假设:"故事会极大地影响人的情感判断,这之中的差距甚至可以定量去衡量。"为了验证这个假设,他们去二手商店、跳蚤市场和个人旧货摊那里,以平均每个 1.25 美元的价格,买了一堆"没什么用"的玩意儿。然后他们雇了一批写

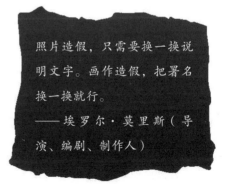

照片造假,只需要换一换说明文字。画作造假,把署名换一换就行。

——埃罗尔·莫里斯(导演、编剧、制作人)

手，给每个物件编一个故事，"赋予其价值"。最后他们把这些东西挂到购物网站上，把编造的故事放在商品描述栏里，用最初购来的价格当作商品起拍价。到实验结束时，原本花 128.7 美元买来的小玩意儿，卖出了 3612.51 美元的总价。

语言是有用的。艺术家常说："我用作品代言。"可事实上，作品不会说话。人们关心一件艺术品的由来、创作过程和它背后的人。你讲的关于作品的故事，会大大影响观者的感受，影响他们对作品的判断，而他们的感受和判断则会转而影响他们对作品价值的评估。

"我们为什么要把实验室里的煎熬和转折展现出来呢？为什么要展示做出成果漫长的基础工作和一次又一次的失败呢？"艺术家蕾切尔·萨斯曼明白大家的疑问。她解释道，"因为，除了少数个例，我们的受众大多数都是普通人，他们想要与作品获得连接。有人情味的故事会让这种连接变得真实可感，也为受众进入作品提供了一个有温度的渠道。"

画上是什么不重要，关键看我们怎么说

山

鲨鱼鳍

石笋

巫师帽

墨西哥玉米片

（你来定义这个吧）

任何作品都不是真空里诞生的。哪怕你意识不到，你也在讲述关于作品的故事。你写的每一封邮件、发的每一个消息、参与的每一段对话、发布的每一条微博、每一个评论、每一张照片、每一段视频——都是你正在搭建的多媒体叙事。要想在分享作品、表达自己时变得更高效，你就得学会讲故事。你得知道什么样的故事是好故事，怎样才能讲好一个故事。

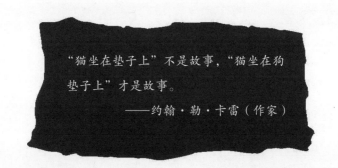

"猫坐在垫子上"不是故事，"猫坐在狗垫子上"才是故事。

——约翰·勒·卡雷（作家）

结构大过一切

第一幕，让主角爬到树上去。第二幕，往他身上扔石头。第三幕，再让他下来。

——乔治·艾博特（导演、编剧）

丹·哈蒙的故事环

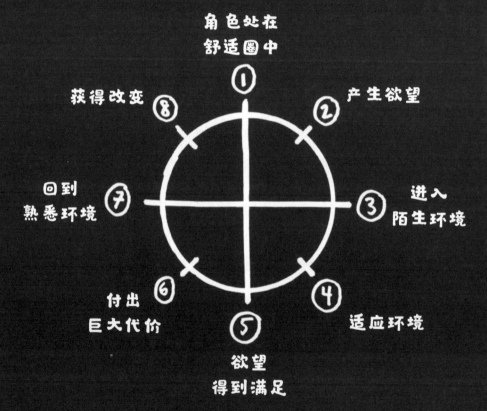

角色处在
舒适圈中

① 产生欲望 ②

获得改变 ⑧

回到
熟悉环境 ⑦

进入
陌生环境 ③

付出
巨大代价 ⑥

适应环境 ④

⑤

欲望
得到满足

故事最重要的就是结构。好的故事结构紧凑、有逻辑、立得住。可是，生活大多时候是混乱、不确定、没逻辑的。我们的生活体验如果不经加工，很难直接套到童话故事或好莱坞大片的模子里去。因此要做一些修剪，让它更戏剧化一些。你可以学习一下故事的结构，了解故事是怎么运作的。掌握故事的运作机制之后，再开始模仿，把你生活中的人物、情境和背景加到故事的套路里去。

　　很多故事的套路都起源于神话传说和童话故事。担任过皮克斯分镜师的艾玛·考斯特讲过这样一个基本的童话模板，你可以往里填充不同的元素："很久以前，有一个……每天……有一天……因此……后来……结果……"把你最喜欢的故事填进上面的空格里吧，你会发现这个套路真的很管用。

　　亚里士多德提出了戏剧的三幕式结构。作家约翰·加德纳说所有的故事情节几乎都是这样："角色想要某物，不顾反对去争取（甚至搁置自己的疑虑），最终获得胜利，或者失败，或者不输不赢。"我喜欢加德纳总结的模

冯内古特的故事坐标

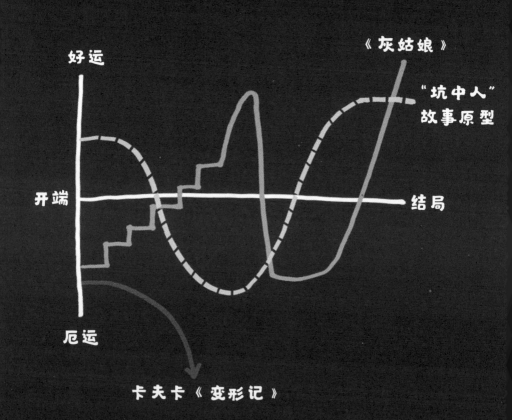

好运

开端 —————————————— 结局

厄运

《灰姑娘》

"坑中人"
故事原型

卡夫卡《变形记》

式，因为大多数创意工作也是这样的：你有一个想法，然后努力把这个想法付诸实践，最后向世界进行展示，得到的结果也是输、赢，或者不输不赢。有时候想法能成功，有时候不能，而有的时候，它根本出不来结果。这个模式几乎可以用在任何一项工作上：问题的产生、问题的解决和最后的结果。

当然了，处在生活之中的我们，很难判断目前经历的能不能算一个故事，因为我们不知道自己在故事的哪一阶段，也不知道故事的结局会往何处去。好在，故事也可以讲成开放式的结局，我们大可以承认自己就在故事之中，自己也不知道结局是什么。

不管是商业展示、学术论文，还是求职信、筹款方案，其实都是在推销，都是在讲述砍掉了结局的故事。推销最好分三步走：先讲过去，再讲现在，最后讲未来。过去主要讲的是你走过的路——你想要什么、你为什么想要、你付出了多少努力；现在讲的是你的工作现状、你怎样调动各种资源；未来讲的是你的发展方向，尤其是你面

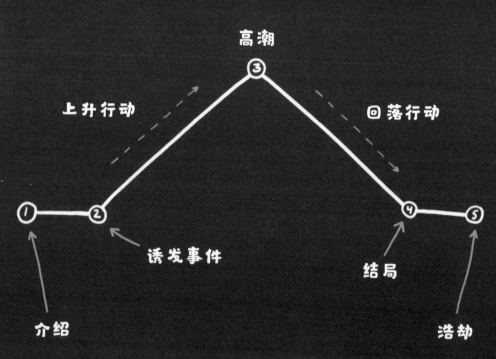

弗赖塔格金字塔

高潮

③

上升行动

回落行动

① ②

诱发事件

④ ⑤

介绍

结局

浩劫

（五个关键行为）

前这个人能怎样帮助你达到目标。就像读者自己决定主角行动和情节结果的游戏书，这种故事模式可以把你的听众变成决定故事走向的主人翁。

不管你讲的故事有没有结局，都要把听众放在心上。语言要简单，叙述要精准。尊重听众的时间，别啰唆，多练习表达技巧，学习写作，学会复查。你的文章并不会因为有错别字和语病而显得"更真实"，只会显得你没文化。

人人都爱听故事，可并非人人都能讲出好故事。讲故事的技巧是要用一生去磨炼的。现在就开始学习讲好故事，进而发掘自己的故事吧。记住，讲得越多，就能讲得越好。

自己的机会，自己争取。

——坎耶·维斯特（说唱歌手）

学会介绍自己

几乎人人都参加过聚会。你站在那里喝饮料，不熟的人会走过来，先向你做个自我介绍，然后问你那个超难回答的问题："那么你是做什么的呢？"

如果你是医生、教师、律师或者维修工，那么恭喜你，你大可以直接说出自己的职业。而我们其他人呢，就得准备准备自己的答案了。

最难回答这个问题的就是搞艺术的人。如果你答："我是作家。"那么他们接下来一定会问："那你出了什么书？"简直就像在问："哦？当作家能赚钱吗？"

避免这种尴尬的方法，就是不要把对方当作审问你的人，而把他们看作可以结交的对象，真诚而谦逊地解释自己的职业。你的这套话术，不管是小朋友，还是老年人，

应该都能听懂才对。与此同时，你要考虑说话的对象：和酒吧里的兄弟是这个说法，和妈妈可能得换个说法。

讲好自己的故事并不是让你凭空捏造。故事应该是真实的，以事实为依据，同时也不要妄自菲薄。如果你是学生，说你是学生就好。如果你上白班，就说你上白班。（有几年我是这样介绍自己的："白天我是网页设计师，晚上我写诗。"）如果你的工作是少见的混合体，你可以借鉴漫画家扫罗·斯腾伯格的说法："我是用画笔写作的人。"如果你目前没有工作，也可以照实说，然后介绍你在找哪方面的工作。如果你说起自己的工作总感觉不舒服，不妨问问自己是哪里出了问题。也许你进错了行业，或者你所说的并不是你真正在做的。（我曾经爱说我是作家，但感觉不太对，我并没有真的在写作）记住乔治·奥威尔的话："自传只有揭短的那部分才可信。"

包容你的听众，谅解他们的懵圈，回答他们的追问。尽力做到有耐心，有礼貌。

同样的原则也适用于写个人简介。个人简介不是发挥创意的地方。我们总觉得自己人生这么精彩，怎么能两句话就写完呢！但世界想了解我们的，也就是两句话的介绍罢了。请尽量简短、有干货。

剔除所有的修饰。如果你搞摄影，别说自己立志多么高远，拍得多么精彩，"摄影师"三个字足矣。不要自作聪明、喋喋不休。你只需要陈述事实。

还有，不要在简介里自称大师或牛人，除非你真是。

我们说来说去，其实说的都是自己。
　　　　——艾莉森·贝克德尔（漫画家、作家）

⑥ 学到的东西
要讲出来

学到的知识不想与人，这种想法不仅小气，而且危害极大。只要你不能大方自在地讲出来，这个知识就不是你的。不然当你再去回溯这段知识，只会发现一堆灰烬。

——安妮·迪拉德（作家）

商业机密也可以分享

　　烤肉界是出了名的竞争残酷，各家店对秘方一向守口如瓶。没想到去年冬天，在得克萨斯州奥斯汀市，富兰克林烤肉店的烧烤师艾伦·富兰克林竟然对摄影团队讲述了烟熏肋排的做法。我的朋友萨拉·罗伯逊是奥斯汀市电视台的制片人，她邀请我看了一段《富兰克林带你烤肉》的片子。这部片子是 YouTube 上众筹的一个系列，主要介绍烧烤的具体流程。在这部片子中，富兰克林介绍了怎样改装烧烤炉、怎样挑选木材、怎样起火、怎样选肉、烤肉要用多高的温度、烤完怎样切片等。

　　我头一次去富兰克林烤肉店是在 2010 年，当时它还只是 35 号公路旁的一家移动店铺。短短 3 年，它就发展为远近闻名的烤肉店。（《好胃口》节目称它为"全得克萨斯州最好吃的烤肉店"）每周6天，不论刮风下雨还是艳阳高照，店门口都排着长龙。没有一天烤肉不是当天卖完的。要说把烤肉的做法当商业机密保护起来，这家店算得上最有资格的了。

后来我趁录影的间隙同艾伦和他妻子斯泰西谈了谈。他们说其实烤肉的技术很简单，只不过要花好几年才能练得纯熟。有一些细致的操作只能靠不断地重复和练习才能掌握。艾伦说他培训员工虽然用的是同一套方法，但他只要切开一块肉，就能知道是谁烤出来的。

教会徒弟，并不意味着师傅下一秒就会饿死。因为从你耳朵听到了，到真的做得像师傅那么好，中间还有很长一段距离。你可以把富兰克林的教程看很多遍，可你能否每天花22小时烤肉，再用两个小时把这些肉卖光呢？恐怕做不到。如果我是你，我不如直接掏13美元去他的店买一磅。

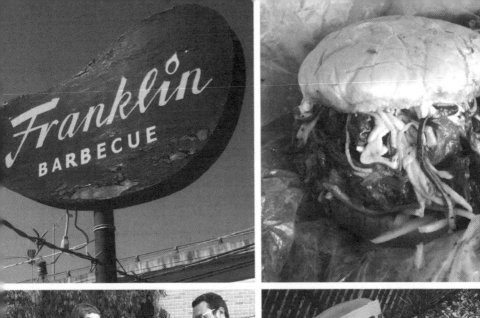

富兰克林夫妻俩真心喜欢烧烤，不辞辛劳地分享烧烤知识。每每路人停下来，想自己试着烤烤，艾伦也会大方应允，并耐心回答各种问题。这么做不是为了营销或者什么，他们只是觉得应当如此——他们也是从零开始一路学过来的，因此觉得有义务把经验传递下去。

当然，有不少餐厅和厨师是通过分享菜谱、技术来获得名利的。贾森·弗里德和戴维·海涅迈尔·汉森在二人合著的《重来》（Rework）里，鼓励公司像厨师那样，通过向竞争对手教学来超越对方。"你是做什么的？你的'秘方'是什么？你会怎样向大家介绍的你工作，让它听起来有趣、有用、有干货？"他们希望公司也能够找到"厨艺展示"的方法。

想一想，你的工作中，哪些内容可以分享出去，让你的目标受众学到东西呢？比如一门手艺、一项技术？你熟练使用的某项工具？你工作中经常用到的某些知识？

你每学到一样东西，都不妨立即传授给别人。你可以分享书单，可以列出有用的参考资料，可以制作教程发到

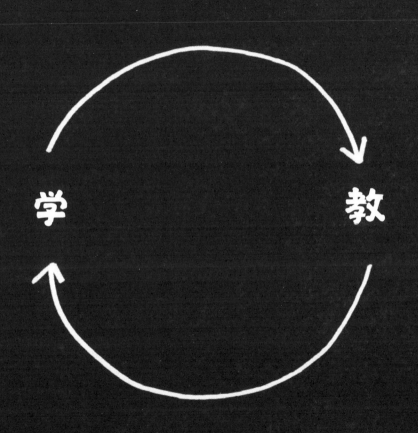

网上。图片、文字、视频，各种形式都可以利用起来。就像博主凯西·赛拉说的，"让大家各自提高自己想提高的方面。"

通过分享自己的工作和知识，你也能从中学到东西。作家克里斯托弗·希钦斯曾说，出书的好处在于"有一些人的观点你本该早就了解的，出书可以让你和这些人建立联系。因为他们会写信给你，会打电话给你，你在书店办活动他们也会找上门来，给你推荐你该读却还没有读的书"。他说，把自己的工作成果公之于众，"此后一生你都会受到免费的教育"。

⑦ 没有人欠你的

当有人认真倾听时，人们会认真表达的。

——理查德·福特（小说家）

闭上嘴巴，洗耳恭听

我上大学的时候，创意写作工作坊里有一个同学宣称："我喜欢写作，但我不爱看别人写的东西。"很显然，谁听了这话都想把这家伙赶走。真正的写作者应该知道，要想成为好作者，首先要成为好读者。

作家丹·肖恩说："写作圈子里有一群蠢人，既想往杂志上发文章，又不肯读人家杂志上已经发出来的文章，那不是活该被拒吗？他们还在那里抱怨，说写的文章没处发。这种人完全不值得同情。"

我管这种人叫"人形垃圾邮件"。各行各业都有他们的身影。一点不想付出，还想立刻有结果。不肯听你的建

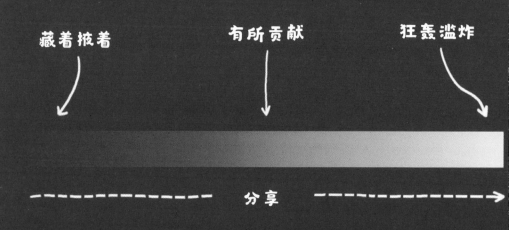

藏着掖着　　　　　有所贡献　　　　　狂轰滥炸

分享

议，只想自己讲个不停。别人的场他是不去的，每天就知道忽悠你去给他捧场。这种人不是明摆着失败吗？他们可能不明白，这个世界不欠他们的。

"人形垃圾邮件"里，并不一定都是默默无闻的人。我见过好多有所成就的人，慢慢也变成了这样。仿佛全世界只有他们和他们的作品，他们完全抽不出空来关心关心别的东西。

如果艺术家有超前的眼光，他就会知道，不管自己多么有名，光有粉丝或者坐等生意上门是远远不够的，一定要主动寻找潜在的合作者或可能带来灵感的人。这些艺术家知道，好作品不是凭空产生的，艺术的体验永远是双向的，没有反馈便无法成立。所以他们会上网，会回答网友提问，也会请求网友推荐书单，和粉丝讨论他们的爱好。

音乐制作人阿德里安·扬格发过这样一条推特："表演者乐队和灵魂乐队，哪个好？"评论区陷入了疯狂讨论。这时，一位关注者提到，灵魂乐队的主唱威廉·哈特是他父亲的朋友，他知道哈特很喜欢扬格的音乐。于是评论区建议两位音乐人合作一次。扬格讲道："话不多说，一天之后，我就和威廉·哈特通了电话，讲了有两个小时……一个重要的决定就这样诞生了。"二人后来合作出了一张专辑。

这个故事有趣的地方有两点：第一，这是我知道的唯一一张因为一条推特而诞生的专辑；第二，它说明，当音乐人把自己放在粉丝的位置上时，可能会有新的灵感。

想要粉丝，首先得自己做个粉丝。想要被一个圈子接受，首先要用那个圈子的行为准则规范自己。如果在网上你也只盯着自己的作品看，那你就错了。你得成为连接者。作家布雷克·巴特勒管这叫"可交换节点"。想要获得，得先给予。想要别人听你说，你得先听别人说。多思考，多为他人考虑。别把自己弄成"人形垃圾邮件"。做一个"可交换节点"。

我们想关注那些和我们有同样热爱的人，也希望和我们有同样热爱的人能关注我们。我们共同努力，用真心换真心，而不是仅仅为了博眼球。

——杰夫·齐曼（网页设计师）

质量胜过数量

你应该关心的不是关注者的数量，而是关注者的质量。不要浪费时间去读那些教你如何获得更多关注者的文章了。不要关注那些号称能帮你涨粉的账号。不想理的人就不理，不想谈的话题就不谈。

想要获得关注，你首先得成为值得被关注的人。作家唐纳德·巴塞尔姆曾对学生说过，"你有没有试过让自己成为更有趣的人？"这话听起来有点刻薄，但如果你按大卫·霍克尼的思路来理解"有趣"——对他来说，有趣的意思是保持好奇，保持专注，"持续投注兴趣"。再说得明白一点，想要让自己变得有趣，首先要愿意关注有趣的事物。

没错，人生很大程度上受人脉影响。而一个人的人脉很大程度上又取决于他自身和他的事业。如果仅仅只是认

做个人人都愿意约见的人

去看，去听

学会与别的头脑共事

标出原作者别挡道

识，自己的工作做不好的话，认识了也没用。"所谓人脉都是扯淡，"音乐制作人史蒂夫·阿尔比尼说，"我的人脉，没有一个不是在做事的过程中自然而然认识的。"他说，很多人把时间精力花在建立人脉上，却没想着怎么把事情做好。而"只有把事情做好，你才能获得影响力，建立属于自己的人脉"。

做你热爱的事业，谈论你热爱的事业，然后你会吸引到和你有相同热爱的人。就这么简单。

不要装腔作势，不要得过且过，不要浪费别人的时间，不要提过分的要求，甚至不要开口让别人关注你。"回关一下呗？！"堪称互联网上最悲催的问句。

吸血鬼测试

振奋你的，就去做；消耗你的，就停下。

——德瑞克·西佛斯（音乐人、TED演讲者）

约翰·理查德森在《毕加索传》中讲过一则趣事。大家都知道，毕加索非常擅长吸走周围人的精力。他孙女玛丽娜说，他压榨人的精神，就像挤颜料管子一样。你本来挺高兴的，和毕加索待一天之后，就会变得精神紧张、身心俱疲。而毕加索呢？跟没事人一样，回到工作室整晚作画，用的就是从你身上吸取的精力。

大多数人都忍了，因为他们难得有机会和毕加索交往。可罗马尼亚雕塑家康斯坦丁·布朗库西忍不了。这位来自喀尔巴阡山脉的艺术家能敏锐识别生活中的"吸血鬼"。他才不愿让毕加索把自己的精力偷了去，所以他拒绝与毕加索来往。

布朗库西用到的方法就是我所说的"吸血鬼"测试。通过这个简单的测试，你就能知道你的生活欢迎哪些人、不欢迎哪些人。如果和某人相处一段时间之后，你感觉精疲力竭，那么这个人就是"吸血鬼"。反之，如果相处一段时间后你依然精力充沛，这个人就不是"吸血鬼"。

"吸血鬼"测试适用于生活中的诸多方面，不仅可以用来识人，才能用来判断工作、兴趣爱好、居住环境等。

"吸血鬼"绝不会改邪归正。如果你发现身边有"吸血鬼"存在，请效仿布朗库西，彻底把它从生活中抹去。

创作的意义部分在于发现你的同类。同类并不难找，难在找对地方。

——亨利·米勒（作家）

找到你的同道中人

我最近很迷棒球投球手 R. A. 迪基。迪基投的是不旋转球。这种球速度慢，不好投，很难连续投好。投球手投出不旋转球时，要尽量让球不转。这样，气流经过棒球的接缝处时，会使球产生不同的角度偏离。如果不旋转球投得好，球的运动轨迹是很难预测的。别说击球手和接球手了，就连投球手自己，也不知道球会往哪个方向去。（和创作过程有点类似，不是吗？）

不旋转球的投手就像是棒球队伍里的丑小鸭。因为人数少，所以惺惺相惜，经常分享一些心得。迪基在回忆录《无论我走到哪里》中讲述过这一宝贵的经历："对方投球手不管人多好，都不可能邀请我过去，看他怎样握球，怎样投出快速指叉球和滑球。这是公开的秘密。"但如果是和不旋转球投球手一起，情况就不一样了。"他们从不藏着掖着。那种感觉，就像我们在个人的际遇之上还有一个

亮出你自己

同类自然来

共同的使命。这个使命就是把投球的技术传承下去。"

　　当你把自己和自己的工作展示出来，其实就是寻找属于你的不旋转球投球手。你们有共同的爱好、相同的使命，你们惺惺相惜，是真正的伙伴。这些人也许不多，但至关重要。请好好培养你们之间的关系，发自内心地称赞他们，邀请他们与你合作，有成果先与他们分享。多打电话，分享秘密，让他们成为你最亲近的挚友。

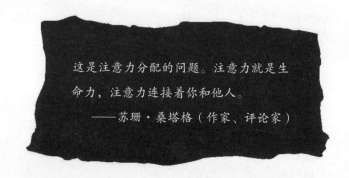

这是注意力分配的问题。注意力就是生命力，注意力连接着你和他人。

——苏珊·桑塔格（作家、评论家）

把友谊发展到线下

我们的生命会比推特长得多，能够面对面才是最好的。

——罗伯·德兰尼（演员、编剧、制作人）

我自己都想不到，生命中那些叫我喜欢的人，竟然有那么多是来自网络。

　　我很喜欢和网友线下见面，见了面也从不做无谓的寒暄，因为双方都已经很熟了。我们可以一边喝着啤酒，一边谈天说地。有好几次，我问对方觉得上网带来的最大益处是什么，他们会比画着我们面前的桌子，说："是让我们能够聚在这里。"

　　我喜欢网站办的线下交流活动。这种活动通常是找一个酒吧或餐厅，确定时间、地点之后请大家出席。奥斯汀有很多这样的活动，我相信你所在的城市也有不少。（如果没有，自己办一个吧！）这种比传统的社交联谊要轻松一些，因为到场的有许多是你在网上神交已久，也见过他们作品的人。

　　当然了，线下聚会的人数不必很多。如果你和同城的几位网友聊得来，可以问问他们愿不愿意出来喝杯咖啡。如果想更进一步，不妨请他们吃顿饭。如果你要去外地旅游，可以借此机会见见外地的网友。我一般会请我的艺术

家朋友带我参观他们在当地最喜欢的艺术博物馆，或者请作家朋友带我去他们最喜欢的书店。如果聊累了，可以一起逛逛，如果逛也逛累了，就坐下喝杯咖啡。

在网上交朋友是很棒的体验，如果能发展为线下的友谊，就更好了。

⑧ 学 会 承 受

打 击

我绝不放弃。你以为我会停在这里，可我却偏要在另一个地方冲你招手。我来了就没打算服输，尽管放马过来吧。

——辛迪·劳帕（演员）

让攻击来得更猛烈些

设计师蒙泰罗说，他在艺术学院学到的最有用的东西就是接受批评。同学之间互相批评，完全不讲情面。"我们就想看看，谁能把对方气得辍学。"而这些粗暴的批评教会了他不要过于在意批评。

当你把作品亮给世界，你就得做好准备迎接不同的反馈，甚至会有恶语相向。作品的曝光量越大，你要面对的批评就越多。怎么面对批评，下面有一些建议。

深呼吸，放轻松。面对虚拟世界的指责，我们很容易往坏处想。所谓恐惧，无非是想象力拐错方向的产物。差评不是世界的尽头。据我所知，还没有人是因为收到差评

脖子挺直

深呼吸

保护要害

放轻松

越挫越勇

保持平衡

而死的。深呼吸，差评来就来了吧。（你也可以试试冥想，对我挺管用的）

脖子挺直。接受攻击最好的方式是多多练习挨揍。多发布作品，让大家可劲儿开炮。然后继续发布，绝不删除。你接受的批评越多，你就越确信，批评杀不死你。

越挫越勇。别停下，继续走。每一条批评里可能都藏着新作品的契机。你无法控制自己收到何种批评，但你可以控制自己面对批评的方式。有时，当人们讨厌你作品中的某个元素，你甚至可以故意强化它，也许会带来意想不到的效果。让他们恨得更猛烈些吧！作品被某些人痛恨，也是一种荣誉的象征。

保护要害。如果你的作品内容比较敏感，或者暴露了你过多的个人信息，那就不要发布。不过，记住作家科林·马歇尔的话："因为怕尴尬而什么都不做，无异于自杀。"如果你把精力都花在避开可能的风险上，你和你的作品就很难真正触达他人。

保持平衡。要知道，作品只是作品，不是你本身。艺术家尤其要谨记这一点，因为他们的作品就是自我的表达，很容易混淆自我与作品之间的界限。多花点时间陪陪家人、朋友，珍视那些不仅喜欢你的作品，更喜欢你这个人的人。

我的诀窍是，不在乎所有人怎么想，只在乎对的人怎么想。

——布莱恩·迈克尔·本迪斯（演员）

别被恶评套牢

决定反馈价值的是反馈来自谁。你需要的反馈，是来自关心你和你事业的人的反馈。除此以外，对于其他人的反馈你就得多留个心眼了。

有些人在网上的言论纯粹是为了让别人不爽，他们才不在乎你的作品到底怎样呢。和这些人多嘴，得不偿失。别理他们，他们自然会散去。

这种恶意挑衅的言论说来就来，毫无规律。我儿子刚出世的时候，有一个女人（就算不是粉丝，应该也是个关注者）在推特上给我发了好多条消息，说什么原来这个作者是孩子都没生的黄毛小子，说让我等着瞧。她还拿书里的片段臊我，说我怎么还敢写"凌晨三点被孩子的哭声吵醒"。

这种恶意挑衅的言论……就越来……无规律。我儿子刚出世的时候，有一
个……
息……

劣……
影……

好点子没几条

评论千万条

我浸淫网络那么多年，收过的邮件也不少。有的叫人心烦，有的态度恶劣，还有的简直可以说疯癫；我也建立了比较好的心理防火墙，不会轻易被影响。

　　这个女人却突破了我的防线。

　　很显然，最恶毒的攻击其实来自自己。是你内心的声音在告诉你，你不够好，你糟糕透了，你什么也做不成。是我内心的声音在告诉自己，当了父亲，我再也写不出好的文字了。自己担忧也就罢了，让一个陌生人拿着扩音器把你的担忧说出来，这个杀伤力可就大了。

　　如果你也有这种烦恼，可以使用"屏蔽"设置，把社交平台上不友好的评论删掉。我妻子喜欢这样比喻："如果有人在你房里乱扔垃圾，你难道就由着他吗？"不友好的评论也是如此——你应该把它铲起来，倒进垃圾堆。

　　有些时候，你甚至可以关闭评论区。留下评论的空间，等于是邀请大家评论。"美术馆的画下面，可从来没留位置给人写评论。"漫画家娜塔莉·迪说，"一本书读完了，后面也没写其他读者是怎么想的。"谁要是有话说，不如直接联系你，或者把你发布的内容转发一下，然后爱怎么评论怎么评论。

⑨别那么高风亮节

说什么晚节不保，我可不在乎。大家都是做生意的，甭管你卖的是家具还是什么，能把东西都卖光，就是最大的本事。

——比尔·维瑟斯（美国传奇音乐人）

文艺复兴也得靠钱

吃饭要花钱，住房也要花钱。艺术家本·沙恩有个说法："业余画家是一边打工赚钱一边作画的人；职业画家呢，是娶了老婆专门伺候自己作画的人。"不管艺术家能否靠作品挣钱，他总得养活自己，打工，靠另一半，靠信托基金、艺术补贴，找人资助，都是活下去的方式。

别想着什么"文章憎命达"之类的话了，更不要担心谈钱太俗。人类文明的长河中，很多艺术瑰宝最开始都是为了钱去创作的。米开朗琪罗为西斯廷教堂绘制天顶壁画，是因为教皇付了佣金。马里奥·普佐写作《教父》是为了挣钱。他那时45岁，不想再当艺术家了，他欠下两万美元的外债，亲戚、银行、书商、放高利贷者都是他的债主。保罗·麦卡特尼也讲过他和约翰·列侬坐下来写歌时，互相打气："这一回，写个'游泳池'出来吧。"

SOLD

OUT

人人嘴上都说希望艺术家挣到钱，可实际上呢，又生怕他们真挣了钱。"晚节不保"这个词，是小部分搞艺术的想出来的最恶毒的攻击。有的粉丝倒好，一旦喜欢的乐队有首歌上了热榜，他就不再听这个乐队的歌。不要因为你的朋友获得一点成功，就不愿与他们来往。既然是你欣赏的人，就不要嫉妒他们过得好，衷心地为他们的成功而高兴吧！

大大方方收钱

我倒是很想卖光（电影票），可是没人买呀。

——约翰·沃特斯（电影制片人、导演）

当你把作品发布出去，开始有观众聚集的时候，你肯定是希望他们掏钱的。最简单的方法是直接要：在你的网站上放一个模拟的赏钱罐或"打赏"按钮。如果加一些有人情味的话，效果更好，比如"喜欢吗？为我买杯咖啡吧"。这种操作简单直接，就像过去街上卖艺时，有人捧着帽子，在人群中走一圈；如果观众看着喜欢，就会扔下几个铜板。

如果你想开启的工作需要准备资金，可以试试一些众筹平台，平台对资助方会有不同梯度的奖励。不过，要想让这类平台发挥效果，最好是你身边已经聚集了一批愿意付费的人。音乐家阿曼达·帕摩尔在把听众变成赞助人这方面做得很成功。她先是免费分享她的音乐，然后培养和粉丝的关系，再打算众筹 10 万美元录下一张专辑，而实际筹到的钱超过了 100 万美元。

众筹会带来一些限制。人们花了钱之后，天然就觉得应该获得一部分话语权，这么想也没错。也是出于这个原因，我没有尝试众筹，而是沿用了比较老套的商业模式：

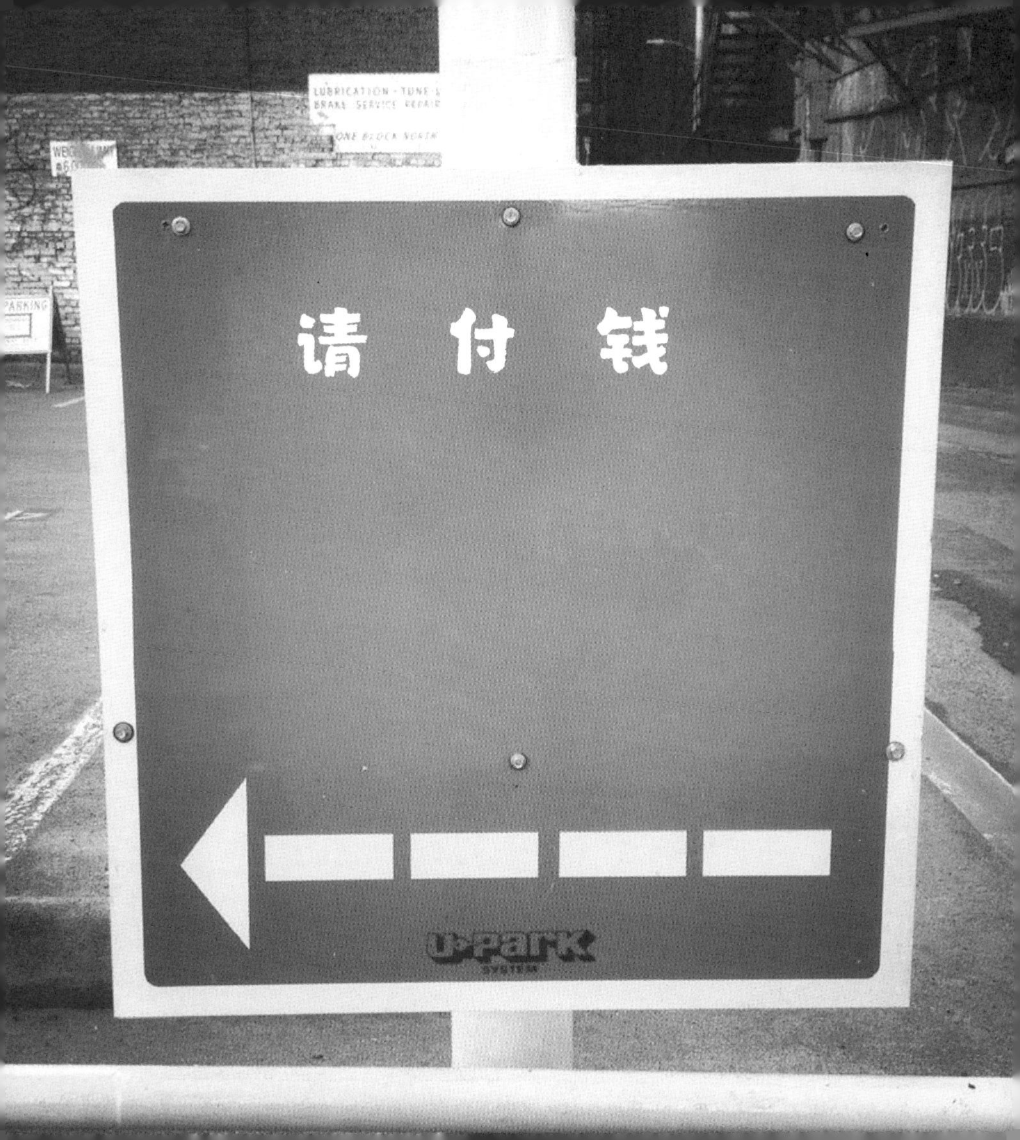
请付钱
U-park
SYSTEM
PARKING

先把成品做出来，然后再卖钱。所以我的网站上放的不是"资助"，而是"购买"和"合作"。不过，尽管我的策略更接近传统推销员，我还是采用了一些众筹的技巧：尽量公开创作过程，增进与读者的联系，并且会明言请他们通过购买来支持我的工作。

售卖你钟爱的东西时要注意：当人们要掏钱包的时候，你就知道他们心里的那杆称是怎样的了。我的朋友约翰·T. 昂格尔讲过他做街头诗人的经历。他在街边读诗，读完之后有人过去跟他说："兄弟，你的诗改变了我的人生！"他回答："谢谢你，要不要买本我的书？5 美元一本。"对方拿过来看了看，还给他，说道："不用了。"对这种人，约翰只能说，"你的人生连 5 美元都不值吗？"

不管是寻求打赏、发起众筹，还是出售产品或服务，都是在确信你的作品有价值的前提下，需要迈出的重要一步。不要害怕收费，标一个你认为合理的价格即可。

积累私域流量

即使你此刻没有产品要推销，也要收集对你工作感兴趣的人的邮箱地址。为什么是邮箱？因为技术更新换代，保留下来的永远是最无聊但最有用的。邮箱已经存在几十年了，还不见衰落的迹象。虽然没人爱用这玩意，但人人都有邮箱地址。不同于用户订阅和社交媒体的推送，邮件只要你能发出去，对方一般就会收到，也会注意到。哪怕他不点开，也得亲自操作才能删除。

据我了解，有人能光靠邮件推销，做起上百万美元的生意。这个商业模式很简单：把有价值的内容免费放在网站上，收集邮件地址，当他们有不错的产出需要分享或销售时，就群发邮件。想不到吧，这个模式很管用。

邮箱地址你可以自己收集，也可以在 MailChimp 这样的电子邮件营销平台注册一个账号，然后在个人网页上

添加类似按钮。你可以写一小段话，鼓励大家留下邮箱地址。写清楚你的推送机制，是每天推送、每月推送，还是不定期推送。注意千万不要未经同意就把别人的邮箱地址加到你的推送群组里。

愿意留下邮箱地址的人，有可能会成为你最大的支持者。因为留下邮箱就等于接受了会被你"邮件轰炸"的可能性。不要辜负他们的信任，更不要滥用这份信任。认真收集，审慎对待，会有回报的。

我们不是为了赚钱才做电影，我们是为了做电影而赚钱。

——华特·迪士尼

给自己多找点活儿

有些人见不得艺术家有野心，动不动就说人家背叛艺术。你想往别的城市发展，他们说你背叛艺术；你想更新设备，他们说你背叛艺术；你但凡想尝试一点新的东西，他们都说你背叛艺术。

戴夫·艾格斯写道："人确实有一个阶段很在意名声，好在这个阶段总会过去。"艾格斯说，关键还是要把自己的事做扎实，然后抓住每一个机会。"我基本上什么活都接。我喜欢接触新事物、新项目、新计划，喜欢召集大家一起做事，一起尝试，即使丢人也不在乎。"那些把"背叛艺术"挂在嘴边的，只会因为墨守成规，让一个个机会白白流失。

然而创作生涯就是得求变——要往前走，要冒险，要探索新的领域。萨克斯手约翰·柯川说："真正的危机在于不变。我必须一直处在追逐的状态。能赚钱最好。即便不能赚钱,我也要追求这种奋斗的状态。"

不要不敢想。要让自己忙起来。树立远大的目标。拓展自己的受众。不要被"现实一点"或者"爱惜名声"的说法束缚住。多尝试新事物。如果有工作机会,内容也是你感兴趣的,就接受;如果仅仅是钱多,工作内容你并不感兴趣,就拒绝。

艺术中没有痛苦。所有艺术都是接受的艺术，所有艺术都是自我的成就。

——约翰·柯林（艺术家）

用善意回报善意

你成功以后，要把获得的资金、影响力和平台拿来帮助那些帮助过你的人。要感谢老师、教导过你的人、你崇拜的人，感谢你的同行和粉丝，给他们展示作品的机会，为他们的事业牵线搭桥。

有一点要提前说明：你也是人，你的时间、精力是有限的。到了某个阶段，你就不能一味接受，得适当拒绝了。"成功带来的最大问题是，全世界都会阻挠你做你想做的事。"尼尔·盖曼写道，"有一天我突然意识到，我好像成职业回邮件、业余写作的了。于是我开始减少回邮件，发现写作的时间果然变多了。"

我一度也因为邮件太多回复不过来而愧疚，况且我还有自己的事要做。为了解决这个问题，我给自己设了一个办公时间。每个月抽出固定的几个小时，在网上回答网友

SUNDAY JUNE, 9

11AM
& PRACTICING
5PM GENEROSITY

提问，我会经过思考之后给出回答，然后发布出来让所有人看到。

分享知识的时候，尽可以慷慨。可是在时间的分配上，你得自私一点。

归根结底你得知道，你能成功也有运气的成分在。因为有运气，你就有责任。不仅是对你拜过的神佛，更是对那些没有这么好运的人负有责任。

——迈克尔·刘易斯（作家、财经记者）

⑩ 死磕到底

不要中途退场

做事业，总有个高潮低谷。人生这座山，我们看不清全貌，不知道走势，只因为我们就处在这座山中。演员奥逊·威尔斯说："圆满的结局当然有，取决于你停在故事的哪个阶段。"作家费茨杰拉德说道："美国人的生命没有第二幕。"可是，你放眼望去，会发现岂止是第二幕，第三幕、第四幕、第五幕都在上演。（如果你每天早上都读讣告，你应该早就明白这一点。）

那些逐梦成功的人，多是因为坚持得够久。千万不要中途退出。喜剧演员大卫·查普尔前不久在美国达拉斯市讲了一场脱口秀，其中提到他为了制作《查普尔秀》，放弃了和美国喜剧中心频道的大好合作机会。他说他去高中演讲时，给

工作只有放弃，绝无做完之说。

——保尔·瓦雷里（诗人）

请坚持下去。

孩子们传授过这样一条人生经验："不管你的舞台是什么，都请不要离开。没有舞台的人生是很难熬的。"

"我们做喜剧的，绝不中途退场。你一定要死死抓住。砍断了双手，就用胳膊支住；胳膊没有，就用牙死咬。绝不能退场，因为你不知道下一个饭碗从何而来。"喜剧演员琼·里弗斯这样说道。

事事都计划好是不可能的，只能来一件事就做一件事。伊萨克·迪内森写道："每天写一点，既不要满怀希望，也不要总是绝望。"你没法指望一定就成功，但一定要为成功做好准备，准备好当时机到来时乘风而起。

有一次，我和同事约翰·克罗斯林午休完回去上班，发现办公楼的停车场都满了。我们和其他几辆车一起，在热得要命的停车场里兜了好几圈。就在我们快要放弃的时候，他看见一个空位，停了进去。关上车门的那一刻他对我说："你得玩到最终局才行。"停车如此，人生也是如此。

连续工作法

几年前，美国精彩电视台播出了一档真人秀节目，叫《艺术品》。每周都会有艺术家参与角逐，胜出者除了能获得现金和艺术馆展览的机会，下周还可以拿到"免死金牌"，稍微喘息一下。比如，主持人会说："恭喜你，奥斯丁，你创造了一件艺术品，你获得了下周的'免死'机会。"

如果人生也像真人秀多好呀！每一位作者都知道，写完手头这本书，下一本并不会自动出现。这次成功了，下次未必成功；这次失败了，下次未必失败。不管是输是赢，你都得面对这个问题："下回怎么办？"

从那些获得终身成就的艺术家身上，你会发现相同的路数：不管结果是成功还是失败，他们都能持之以恒。创作歌手乔尼·米切尔说她的上一个作品总能给下一个作品带来灵感。伍迪·艾伦导演平均一年拍一部电影，坚持了

40 多年，就因为他从不休息。刚剪完这一部电影，又开始写下一部电影的剧本。随声而动乐队主唱兼词曲作者鲍勃·波拉德说他没有灵感匮乏的时候，因为他从来不会停笔。海明威把一天的文字工作做完后，会故意留半句话，这样第二天就知道该从哪写起了。安东尼·特罗洛普每天固定写作 3 个小时，如果时间没到，小说就写完了，他会直接开启一篇新的小说。

把上面的这些工作方法总结在一起，就是我要谈的连续工作法。为了防止事业中断，你要一刻也不停歇。具体的做法是：与其在两个项目中间喘口气，一边等待反馈一边担忧下一个项目，不如在这个项目结尾时便开启下一个项目。先把眼前的工作做了，做完以后，问问自己有哪些疏漏、哪里有待改进、哪里差得较多，然后进入下一个项目。

工作是一种连锁反应，任务做完一个来一个。

——查尔斯·伊姆斯（设计师）

离开是为了回来

停止渴望，你才会得到它。

——安迪·沃霍尔（波普艺术的领袖）

连续工作法确实能让你坚持下去，但你也有累的时候，也想去看场比赛。这个时候，不妨给自己放个假。

设计师斯特凡·萨迈斯特很推崇长假机制。他会每隔 7 年关闭工作室，休息一整年。他的想法是，我们的人生头 25 年用来学习，接下来 40 年工作，最后 15 年退休——为什么不从退休的 15 年中拿出 5 年，平均分配在工作的那 40 年中呢？（7×5+5）他说这种长假对他的工作是意义非凡的："我们在 7 年中设计的所有东西，其思想根源都是在前一个长假中形成的。"

我也有过这种体会。我大学毕业后的两年，在图书馆里找了份简单的兼职，没什么活干，天天就是读书、写作、画画。这段时间给我后来的很多创作提供了养分。现在我也到了"七年之痒"的时候，我感觉自己又需要一段这样的时间充充电了。

长假可不是说放就放的，前期要进行一些准备工作。萨迈斯特说他的第一个长假花了两年时间做计划和预算，他的顾客也提前一年收到了通知。而现实是，我们大多数

如果你四面都是墙，那还谈何创造力？

逃离办公室

关闭手机信号才能收获灵感

不是让你消失只是离开一小会儿

人的工作没有那么高的灵活性，没办法给自己放一整年的假，但短一点还是可以安排的，按天、按周或者按月放，给自己一个彻底远离工作的时间。作家吉娜·特拉帕尼总结了 3 个可以关闭大脑，从工作中抽离出去的方法。

通勤：在行使的火车或地铁上，我们可以随意翻翻书、写写东西、画点画，又或者什么都不干，只是看看风景。（如果你是自己开车上下班，那么可以用有声书代替）一天两次的通勤，可以有效隔断工作和生活。

锻炼：让身体动起来，大脑就会放松；大脑放松以后，就会有新的想法冒出来。上跑步机跑一跑，让你的心灵来一场远行。如果你和我一样讨厌锻炼，那就养条狗——狗可是一天不遛都不依的。

亲近自然：逛逛公园，去郊外走走，捯饬捯饬你的花园，出门呼吸新鲜空气。远离各种电子产品。

把工作和生活区分开来是很有必要的。我妻子说："如果你在哪都能上班，那就没有下班一说了。"

每隔两三年，我都会停工一阵。这样我就总能以新面孔示人。

——罗伯特·米彻姆（电影演员、作家、作曲家和歌手）

推倒重来

再次出发

毕加索每学会一项技术，就将它抛弃。

——梅顿·戈拉瑟（平面设计师）

当你感觉目前的工作中该会的都会了，这时要想继续进步，就得转换赛道，寻找新的挑战了。仅仅满足于当个熟手是不够的，你要敦促自己再次成为学生。英伦才子作家阿兰·德波顿说："如果你不为去年的自己感到羞愧，说明你今年的进步不够。"

喜剧演员乔治·卡林每次给美国家庭票房频道（HBO）录完一期脱口秀节目，都会把用过的笑料扔掉，下次再从零开始撰写脚本。他年年都是这样做的。"艺术家有义务持续探索——要一直在路上，"他说，"不断上路可以让你保持新鲜感，逼自己不断更新，逐步提高。"卡林明白，只有摒弃老素材，才能督促自己去想更新更好的点子。丢掉已有的成果，实际是在为新创作腾空间。

你要有这种推倒重来、另起炉灶的勇气。导演史蒂文·索德伯格在谈到他即将到来的退休时说："我得把一切现成的都推倒，然后重新搭建。并不是因为我全搞明白了，我只是明白了哪些我不明白，所以才需要推倒重来。"

放心，重来绝不是从零开始。之前做过的工作不会浪费。即便你把它扔到了一旁，从中学到的教训还是会指引你的下一步工作。

所以不要把它想象成从零开始，请把它看作再度出发吧。回到第一章——不是开玩笑！——再去当一个初学者。找一项新知识去学习，把你的学习过程公之于众。记录学习过程，及时分享，让别人也可以跟你一起进步。展示你的成果，当志同道合的人出现时，密切关注，你也会从他们身上学到很多。

接下来，请你 ﹜

☐ 打开网页，把你正在做的工作发布出来，带上话题井秀出你的工作。

☐ 和同事或朋友一起，举办一个"秀出工作之夜"的活动。把这本书当作指南，分享进行中的工作、你感兴趣的领域，讲述你的故事，互相传授经验。

☐ 把这本书送给有需要的人。

每本书都是由其他书积累而成的。

　　　　　——科马克·麦卡锡（小说家）

- 布莱恩·伊诺《附录膨胀的一年》(*A Year with Swollen Appendices*)

- 斯蒂文·约翰逊《灵感从何而来》(*Where Good Ideas Come From*)

- 大卫·拜恩《制造音乐》(*How Music Works*)

- 蒙泰罗《设计工作室生存手册》(*Design is a Job*)

- 克奥·斯塔《不必回学校：这本书叫你学会任何科目》(*Don't Go Back to School*)

- 伊恩·斯维诺努斯《创办摇滚乐队的神仙攻略》(*Supernatural Strategies for Making a Rock 'n' Roll Group*)

- 西德尼·吕美特《西德尼·吕美特谈拍电影》(*Making Movies*)

- P. T. 巴纳姆《赚钱的艺术》(*The Art of Money Getting*)

因人而异 }

有的建议可能并不适合你,

请把有用的留下, 没用的摒弃。

没有一定之规。

BEHIND THE SCENES

"OUTTAKES" FROM THE PROCESS OF MAKING THIS BOOK...

OUR OBITUARIES ARE WRITTEN BEFORE WE'RE DEAD.

BIG ART GETS SMALL, SMALL ART GETS BIG.

INVENT ANOTHER YOU — THEN YOU CAN BLAME HIM.

FIRST, BE USEFUL, THEN NECESSARY.

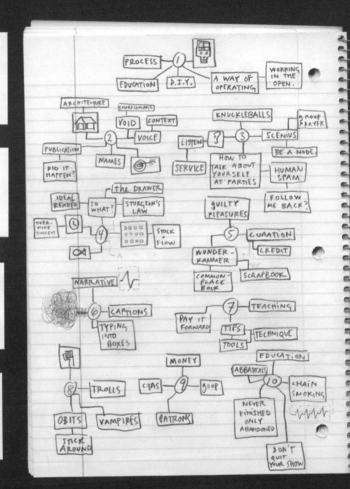

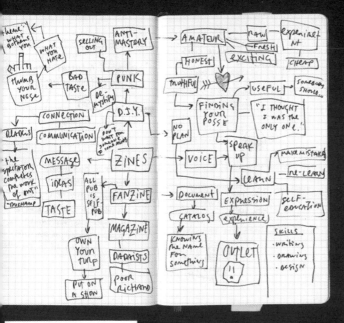

THE BEST THING TO DO IS CLICK PUBLISH AND WALK AWAY. CLOSE THE LAPTOP AND GO BACK TO WORK. IN THE MORNING, YOU CAN RETURN, LIKE A ~~TRAPPER~~ HUNTER CHECKING HIS TRAPS, TO SEE IF ANYBODY HAS TAKEN THE BAIT.

THE DRAWER

HUMANS DREAM OF TIME-TRAVEL WHEN IT'S ACTUALLY AT OUR FINGER-TIPS.

A DRAWER IS A KIND OF TIME MACHINE. WHEN YOU'VE FINISHED A PIECE OF WORK, YOU DON'T KNOW RIGHT AWAY IF IT'S ANY GOOD, BECAUSE YOU'RE TOO CLOSE TO IT. IT'S TOO FAMILIAR. YOU MUST BECOME AN EDITOR, WHEN YOU'RE STILL the CREATOR.

YOU MUST, SOMEHOW ESTRANGE YOURSELF FROM WHAT YOU'VE MADE. THE EASIEST WAY TO DO THIS IS TO PUT IT AWAY AND FORGET ABOUT IT.

"JUST BE YOURSELF" IS TERRIFIC ADVICE IF, UNLIKE ME, YOU HAPPEN TO BE NATURALLY GIFTED AND PLEASANT TO BE AROUND.

CATCHING EYEBALLS IS EASY, BUT GRABBING HEARTS IS HARD.
LOOK AT THE NUMBERS, BUT BE BRAVE ENOUGH TO IGNORE THEM. IT'S OKAY TO LET RESPONSES TO YOUR WORK PUSH YOU IN DIFFERENT DIRECTIONS, BUT IT HELPS TO ALWAYS KEEP AN EYE ON YOUR INTERNAL COMPASS, SO YOU DON'T GET LOST IN the WOODS.

★ NORTH STAR

THE GULP   (SEP 2 7 2012)

THERE'S A PERIOD OF TIME, ACCORDING TO JONATHAN LETHEM. A PLACE AFTER YOU'VE FINISHED SOMETHING AND BEFORE YOU'VE PUBLISHED IT, IN WHICH IT NO LONGER BELONGS TO YOU, BUT IT DOESN'T BELONG TO THE AUDIENCE YET, EITHER. HE CALLS THIS "THE GULP." IT'S AN UNSETTLING PLACE.

WHAT IF WE GIVE IT AWAY?

EVERY LITTLE PIECE OF
yourself ONLINE IS A POTENTIAL
RABBITHOLE FOR SOMEBODY
to STUMBLE DOWN....

HORCRUX?

↳

→ MOST ART WE LOVE ~~ONLINE~~
HAS THE EXACT QUALITIES
WE'RE AFRAID OF REVEALING
~~IT~~ IN OUR OWN WORK:
IMPERFECTION, VULNER.
IT'S UNPOLISHED, VULNERABLE,
POTENTIALLY EMBARRASSING,
EASILY COPIED, ETC.

NO ONE CURRENTLY LIKES THIS.

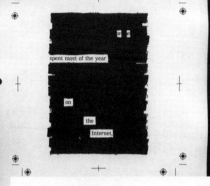

spent most of the year

on

the

Internet.

YOUR DUMBEST IDEA COULD BE
THE ONE THAT TAKES OFF:

MANY OF THE MOST POPULAR THINGS
I'VE POSTED ONLINE STARTED AS
STUPID IDEAS.

~~THAT IS THE BEST THING ABOUT
THE DRAWING — SOMETIMES YOU
EDIT TOO MUCH OUT SOMETHING
B/C YOU'RE AFRAID OF IT INSTEAD.~~
WILLINGNESS TO LOOK STUPID...

NOT-KNOWING IS THE ENGINE
THAT CREATIVITY RUNS ON.
SOME OF MY BEST IDEAS AT THE
BEGINNING, I LITERALLY CAN'T
TELL IF THEY'RE SLIGHT OR PROFOUND.

SEP 2 6 2011

写完一本书

还真不容易

本书是如何写成的

致　谢

感谢妻子梅根耐心倾听我的烂点子、读我的每一版草稿。我跟这本书死磕了多久，她就忍受了我多久。如果不是她的耐心、支持和文字方面的帮助，这本书不可能面世。

感谢经纪人泰德·维恩斯坦，是他为我提供了这个想法，并敦促我把这本书写完。

感谢本书编辑布鲁斯·特雷西、版面设计贝基·特胡恩，感谢沃克曼出版公司的全体同仁，我们合作得很愉快。

感谢线上线下一路陪伴我的朋友们。他们是温迪·麦克诺顿、基奥·斯塔克、马特·托马斯、朱利安·德弗雷克斯、史蒂文·汤姆林森、麦克·蒙泰罗、休·麦克劳德、约翰·T. 昂格尔、玛丽亚·波波娃、赛斯·高汀、劳伦·塞兰德。

最后，还要感谢对这本书满不在乎的欧文。

内文注释、插图来源

你不必是天才

这张贝多芬的照片是我在旧金山金门公园旁的艺术与科学院拍摄的。

"去读讣告"也出现在查尔斯·惠伦所著的《毕业典礼演讲不会说的十又二分之一件事》（*10½ Things No Commencement Speaker Has Ever Said*）的六又二分之一章。

过程比结果更重要

本章第二小节的标题出自盖伊·特立斯在采访中说过的话："我是自己行为的记录者。"

打开你的百宝箱

这幅版画出自费兰特·伊佩拉托的《自然史》（*Dell' Historia Naturale di Ferrante Imperato Napolitano*）。它同时也出现在劳伦斯·韦施勒《威尔森先生的百宝柜》（*Mr. Wilson's Cabinet of Wonder*）的封底。

砖墙上的那张照片是在费城的一条巷子里拍的，那个标志现在还在。

讲个好故事

我是在 2011 年 10 月刊的《连线》（*Wired*）杂志上读到丹·哈蒙关于结构的想法的。杂志上还附了一张他的故事环的插图。

库尔特·冯内古特在好几次讲座中都谈到了他的故事坐标，对这一概念阐释最好的是《棕榈树星期天：自传集》（*Palm Sunday*）。他后来又在《没有国家的人》（*A man Without a Country*）中重提了这一模式。

古斯塔夫·弗赖塔格是德国小说家、剧作家，他在 1876 年的专著《论戏剧情节》（*Die Technik des Dramas*）中提出了后来广为流传的"金字塔形"五幕剧情节。

没有人欠你的

"垂钓请放生"的标牌拍摄于得克萨斯州首府奥斯汀

的米勒湖公园。

最后一张照片拍摄于东奥斯汀庄园路的 DQ 冰淇淋。

别那么高风亮节

第一小节的标题取自惠特曼学院汤米·豪威尔斯教授的话。他的学生转述他的话为"文艺复兴和其他事业一样，也得有钱才能办成"。欲知这位老师更多的格言，可以关注他的推特 @TommyHowells。

"请付款"取材于美国西雅图一家停车场的告示牌。

"我的工作是艺术"取材于美国得克萨斯州考德威尔县。

这个教堂的告示栏是我在加拿大安大略省多伦多市诺克斯长老会教堂外发现的。

死磕到底

"离开是为了回来"取自大卫·林奇扮演的角色在《路易不容易》（*Louie*）第三季中的台词。

秀出你的工作！